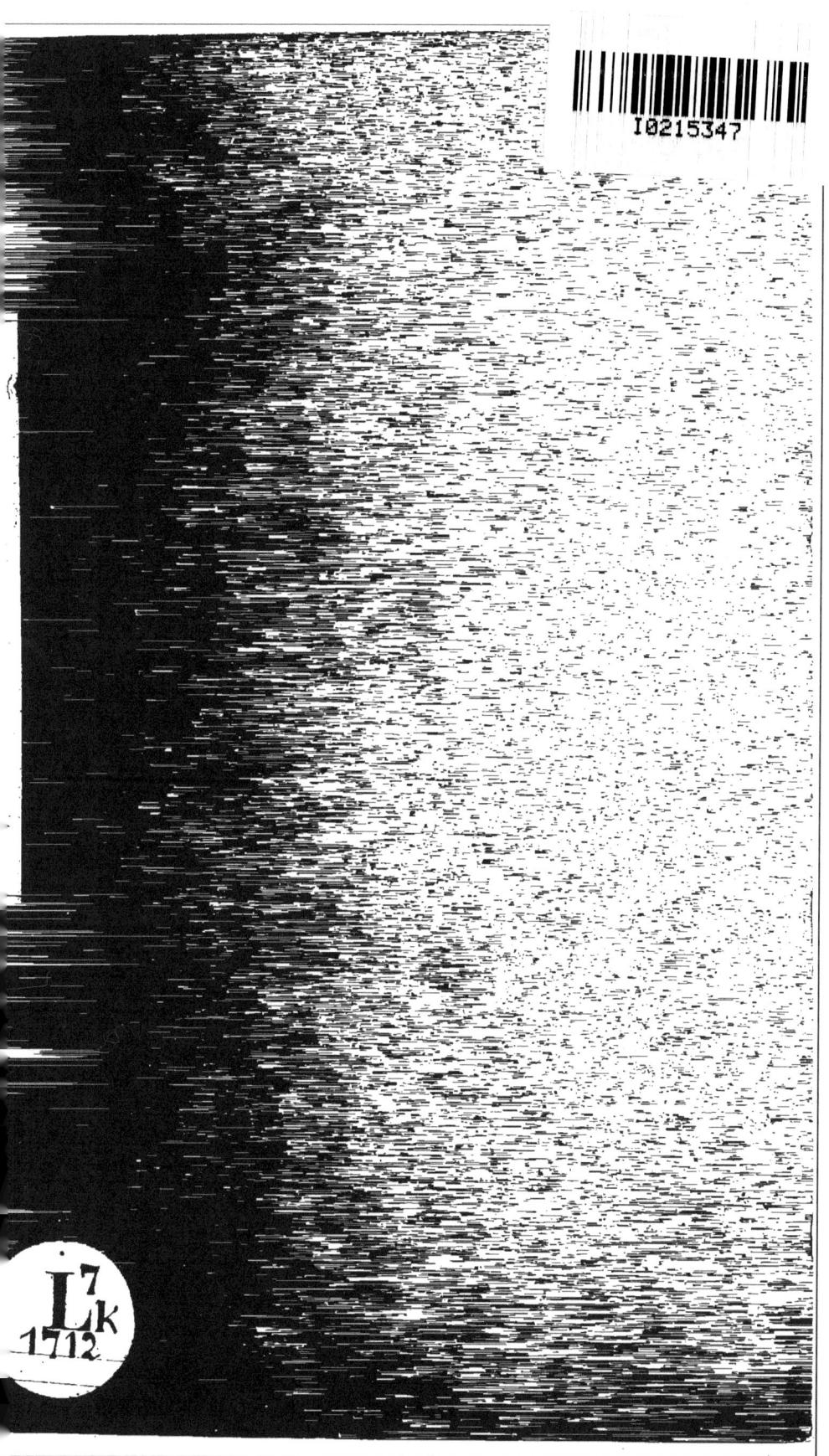

Lk 1712.

SECONDE ADRESSE

A L'ASSEMBLÉE NATIONALE,

POUR LA VILLE ET PORT DE CETTE;

Concernant le Tribunal de Commerce dans le District de Montpellier, présentée par MM. SERANE et MIGNIOT, Députés extraordinaires du Commerce et de la Marine de Cette, le 21 Décembre 1790, par l'entremise de M. GOSSIN, Rapporteur du Comité de Constitution.

SECONDE ADRESSE

A L'ASSEMBLÉE NATIONALE,

POUR LA VILLE ET PORT DE CETTE;

CONCERNANT le Tribunal de Commerce dans le District de Montpellier, présentée par MM. SERANE et MIGNIOT, Députés extraordinaires du Commerce et de la Marine de Cette, le 21 Décembre 1790, par l'entremise de M. GOSSIN, Rapporteur du Comité de Constitution.

LES Députés extraordinaires de la Ville de Cette, ont mis sous les yeux de l'Assemblée Nationale les motifs puissans qui doivent la déterminer à lui accorder le Tribunal de Commerce en remplacement de son Amirauté.

La Ville de Montpellier, qui semble oublier dans cette occasion ses véritables intérêts, réclame ce même Tribunal.

Fondée sur l'article XII, elle ne veut en souffrir aucune diminution : ainsi, la Ville et le Port de Cette, privés de leur Amirauté, n'auroient obtenu aucun dédommagement de cette perte, qui les feroit en quelque sorte disparoître de la Méditerranée.

Les Députés de Cette, ont rapporté dans leur précédente Adresse, un extrait de la Délibération générale du District de Montpellier, qui déclare, que l'on ne peut, sans préjudicier au commerce extérieur du Département de l'Hérault et de plusieurs Départemens voisins, priver le Port de Cette d'une justice toujours présente, toujours active.

Cette décision du District étoit déjà un titre respectable : mais combien n'est-il pas flatteur pour ces mêmes Députés de se présenter aujourd'hui avec l'avis de plusieurs honorables membres de l'Assemblée Nationale, qui rendent un témoignage implicite, à la vérité, des faits consignés dans leur première Adresse.

Ce témoignage, ou plutôt cette décision, d'autant plus importante qu'elle est rendue en conformité de la demande du Comité de Constitution, porte que, *par la connoissance que les soussignés ont de la population et de l'importance du Commerce de la Ville et du Port de Cette, l'intérêt public exige qu'il y soit établi un Tribunal de Commerce en remplacement de l'Amirauté, lequel Tribunal, devra connoître de toutes les affaires de Terre et de Mer, et avoir pour Ressort un arrondissement convenable, et qu'on peut fixer à l'étendue de son Canton, et de ceux de Poussan et de Frontignan, à raison de leur proximité de Cette et de ce qu'ils confrontent, l'un la Mer, l'autre l'Étang de Thau. Fait à Paris le 18 Décembre 1790. Signés, Gleizes de la Blanque, Rey, Sales de Costebelle, de Jessé, Martin, Curé, l'Abbé Gouttes, Curé, et Roques.*

Un avis aussi formel, donné légalement par l'entière députation de la ci-devant Sénéchaussée de Béziers, actuellement enclavée dans le Département de l'Hérault, devoit déterminer le Comité de Constitution, chargé par un Décret de l'Assemblée Nationale, de préparer sa Justice pour décréter sur ces sortes de demandes.

Aussi ce Comité, si digne de la confiance de l'Assemblée, a-t-il prononcé sur la nécessité d'accorder un Tribunal de Commerce à la Ville de Cette, et le délibéré signé de deux honorables Membres, MM. Thouret et Target, mis au bas de l'avis rapporté ci-dessus, a-t-il été renvoyé à M. Gossin pour en faire le rapport et provoquer le Décret du Corps Législatif. Ce délibéré est du 20 Décembre 1790.

Modérés dans leur demande, les députés de Cette auroient voulu concilier les intérêts de leurs commettans avec ceux de la ville de Montpellier, et sur quinze cantons que contient le district, lui en laisser douze pour composer le tribunal qu'elle ambitionne, moins pour l'avantage du département de l'Hérault que pour son intérêt particulier.

Mais la ville de Montpellier a cru et a

manifesté la première, que l'inviolabilité de la Constitution s'opposoit au démembrement et au partage du tribunal de commerce, et l'on est convenu que l'énergie de l'article XII du même titre de l'organisation des tribunaux, sembloit effectivement s'opposer à ce partage.

Retenus par cet article, forcés par leurs compétiteurs, les députés de Cette ont établi leurs droits, mais ce n'a point été sans regret qu'ils se sont vus obligés, pour repousser l'attaque, de combattre du tout au tout, et ils n'ont pas eu de peine à démontrer, toujours sous le rapport d'utilité général, que la ville qu'ils représentent, avoit tous les titres pour obtenir le tribunal indivisible, tandis que sa concurrente n'en avoit aucun, qu'au contraire son intérêt bien entendu, devroit l'engager à renoncer à cette prétention.

Aujourd'hui que le comité de constitution, guidé, et par la délibération du district de Montpellier dont la ville de Cette dépend, et par l'arrêté même du département de l'Hérault, tout inconstitutionel qu'il est, et enfin par l'avis légal de l'entière députation d'une grande sénéchaussée enclavée dans ce département, a décidé qu'il y auroit un tribunal de commerce à Cette: qu'elle doit être la conduite des députés extraordinaires? Ce qu'elle a toujours été.

Satisfaits de ne rien perdre et de conserver à leur ville sous une autre dénomination, le tribunal potecteur sans lequel elle ne pourroit maintenir son commerce, seul et unique espoir de son existence, ils n'envieront rien à sa concurrente : contribuer à sa splendeur, à celle du département et de tout le midi de la France, est le seul terme de leur juste ambition.

Sans doute il est très-important pour tout l'empire, d'attirer le plus d'hommes possibles dans les ports maritimes, puisque c'est leur inspirer le goût du commerce extérieur qui vivifie les états et leur assure cette prépondérance, que l'Angleterre, avec une population infiniment moins considérable, a obtenue sur nous.

Mais ces grands objets et ces grands résultats qui ne peuvent échapper au corps législatif, en imposant à la ville de Cette l'obligation d'insister sur la plénitude de ses droits, ne peuvent ôter à ses représentans le desir de pouvoir concilier les décrets de l'Asemblée Nationale, avec le vœu de la ville de Montpellier, en les restreignant toutesfois dans les limites compatibles avec l'existence d'un port si intéressant pour le commerce national.

Toujours animés par ce desir, les députés de Cette se plairoient à croire que la constitution, quoique sacrée, pourroit encore admettre des distinctions dans l'exécution de l'article XII.

Les ports-de-mer autoriseroient cette distinction, inadmissible sans doute pour toutes les villes continentales. Mais ici on oseroit la demander en faveur de la ville de Montpellier, quoique le lieu du district le plus éloigné de Cette n'en soit qu'à 12 lieues, et que cette distance soit très-peu considérable, lorsqu'on la compare avec l'avantage de donner une issue digne de l'empire à cette population qui doit augmenter une législation bienfaisante.

Les ministres qui ont laissé quelque réputation, ont été partagés sur la question de savoir qui du commerce ou de l'agriculture méritoit la préférence.

Mais l'expérience de tous les siècles et de tous les peuples, dépose que sans le commerce, sur-tout le commerce extérieur, l'agriculture ne fait que languir. Elle se charge d'une multitude de branches parasites qui lui communiquent ses besoins et sa maigreur. Lorsqu'elle est soutenue par le commerce extérieur, elle se dégage de ses branches incommodes qui, se livrant aux arts et à la navigation, offrent elles-mêmes une nouvelle classe d'hommes utiles et précieux.

L'Angleterre ne connoît point d'hommes oisifs, et la population de ses ports fait couler sans cesse dans le sein des villes et des campagnes, les richesses qui lui servent à fonder et à maintenir ces immenses Colonies qui tiennent dans sa dépendance les Indes et une partie du nouveau monde.

Le laboureur parmi nous est à peine sorti de la première enveloppe de la nature : en Angleterre il y a long-tems qu'il honore l'humanité. Le laboureur n'est pas dans cette isle une espèce de brute qui fatigue la terre, plutôt qu'il ne la féconde ; c'est un être pensant et méditatif qui, après avoir tenu le soc, peut diriger le fier trident qui, pendant tant de siécles, a rendu le peuple Anglois le dominateur de la mer. Et tous ces avantages sont dûs aux établissemens et aux encouragemens accordés à tous les ports de mer de cette isle superbe.

Loin d'avoir à se reprocher le luxe de ces idées, une matière si riche, une cause si belle, semblent encore accuser l'impuissance des députés de Cette, de ne pouvoir la traiter avec des expressions dignes d'elles.

Il ne faut point faire rivaliser le commerce et l'agriculture, mais bien les seconder l'un par l'autre : il faut que l'agriculture enfante des hommes, et que le commerce maritime les mette sans cesse en activité.

La première adresse que les députés de Cette ont mis sous les yeux de l'Assemblée Nationale, eût pu contenir encore une infinité de moyens, et celle-ci pourroit s'étendre bien d'avantage sur ces résultats importans ; mais les trois cantons sur lesquels porte l'avis des honorables membres de Béziers, remplit leurs vœux ; et lorsqu'ils ont des droits infaillibles pour obtenir *à titre de justice*, l'intégrité du tribunal que la ville de Montpellier ne peut demander qu'*à titre de préférence*, ils se borneront pour le ressort de leur tribunal à un cinquième de l'étendue de leur district, et Montpellier pourra avoir douze cantons sur quinze, si l'Assemblée Nationale croit devoir modifier, en sa faveur, l'application de la Loi.

Déjà favorisée de l'alternat du département, du siége du district, du tribunal ordinaire et souverain au civil, Montpellier doit probablement être encore le siége des jurés faits pour prononcer en matière criminelle : qu'elle y ajoute, s'il se peut, un tribunal de commerce pour douze cantons : la ville de Cette, contente de ses avantages constitutionels, n'aura rien à lui envier, et lui prouvera même qu'elle n'a demandé un tribunal pour trois cantons que pour le bien général du commerce, de la pêche et de la navigation de tous les départemens du Languedoc.

Heureux si des vues si sages, si cette modération contribuent à entretenir entre les habitans des deux villes les liens de cette fraternité qui doit régner entre tous les peuples d'un même district, entre tous les vrais Français ! Heureux sur-tout les députés extraordinaires, si cette même modération, dont ils ont donné des preuves positives à MM. les députés de Montpellier, leur concilie la bienveillance des augustes Représentans de la Nation. Leur espoir le plus flatteur étoit de l'obtenir : ils ont toujours senti qu'il n'est pas de récompense plus noble, ni plus digne de leur zèle patriotique et désintéressé.

Signés, J. F. SÉRANE, MIGNIOT,

Députés extraordinaires du commerce et de la marine de Cette.

De l'imprimerie de CHALON, rue du Théâtre Français, 1790.

www.ingramcontent.com/pod-product-compliance
Lightning Source LLC
Chambersburg PA
CBHW060901050426
42453CB00011B/2062